I = 46.211.

A MES CONCITOYENS.

Je n'écris ni pour les factieux de quelque côté qu'ils se trouvent, ni pour les neutres qui, sans participer aux troubles, finissent par en tirer avantage, et viennent après la mêlée dépouiller les morts. Leur parti est pris d'avance contre tout ce qui porte l'empreinte de l'humanité, de la justice et du désintéressement.

C'est à vous, amis de la paix et qui ne faites qu'un avec la Patrie, que je m'adresse avec confiance. Quelle que soit votre manière de voir, vous écouterez la voix de la raison, et vous saurez faire pour elle le sacrifice même de vos opinions. Je vous promets la vérité, et vous verrez si je me suis dissimulé les objections.

Et d'abord, dira-t-on : « Sous les Bour-
» bons la paix régnait en France, et le peuple
» commençait à jouir d'une administration
» douce et tranquille. Napoléon arrive, et
» les préparatifs d'une guerre affreuse et
» universelle se font de toutes parts ; la sé-

» curité fait place à la terreur, le commerce
» est détruit, la mère recommence à trem-
» bler pour son fils ».

Ah! sans doute le plus grand bienfait qu'un homme puisse recevoir d'un homme, c'est la paix : mais qui de nous ignore qu'il n'y avait à la Cour de Louis personne qui la désirât de bonne foi. Si elle n'a pas été troublée d'une manière ostensible, n'en sachez pas bon gré au Gouvernement de 1814; il n'a osé faire le mal que peu à peu, et s'il n'a pas été plus vîte, c'est qu'il voulait ménager l'esprit public ; c'est que l'armée lui en imposait. Tout le mal qu'on a cru pouvoir faire impunément a été fait.

Il faut, je le sais, être réservé dans ses jugemens, lorsque surtout il en résulte une opinion désavantageuse pour une classe de citoyens : mais comment concilier avec un véritable amour pour la paix, cet acharnement qu'on a mis à attaquer la constitution que Louis avait sanctionnée ; ces inquiétudes qu'on cherchait à inspirer aux acquéreurs de biens nationaux, ces menaces du rétablissement des droits féodaux, de la dîme et d'une infinité d'autres droits non moins ruineux qu'avilissans ; cette affectation à abaisser et même à imputer à crime les titres de gloire de nos soldats, des vainqueurs de l'Europe ; cette violation de plusieurs articles de la Charte constitutionnelle ; cet empressement avec lequel on répandait des écrits chargés d'injures contre ceux qui osaient manifester quelques idées libérales, tandis qu'on accueillait avec transport les rêveries d'un homme qui proposait sérieusement de partager le peuple français en deux castes dont l'une serait chargée exclusivement de la fonction de penser, et l'autre de celle de travailler ; ces persécutions exercées dans quelques départemens du midi, sous le prétexte de la différence des opinions religieuses ; persécutions que quelques personnes condamnaient tout haut et suscitaient dans les ténèbres.

La paix régnait, mais pouvait-elle durer long-temps avec des élémens pareils ? La France ébranlée par de longues agitations, avait besoin que les rênes du Gouvernement fussent confiées à une main ferme, à un homme de génie, à un homme de guerre, qui imposât par la supériorité de ses talens, et par ses nombreuses victoires ; et Louis n'était point cet homme-là ; sa bonne volonté ne pouvait suffire, et une bonté si voisine de la faiblesse n'est rien moins qu'un sûr garant du maintien de la paix. Les factions exigent de la part du Gouvernement qu'elles menacent, encore plus de fermeté que de force ; il faut, pour les détruire, que le Chef n'ait qu'à se montrer, et Louis n'était point cet homme-là. Il ne peut pas faire notre bonheur, qu'il se retire plutôt que de souffrir que la France soit mise à feu et à sang par ses ennemis, et devienne la proie des Cosaques, des Baskirs, des Prussiens et des autres sauvages de l'Europe.

La tranquillité, quoiqu'on en dise, ne régnait point en France, à moins qu'on n'appelle tranquillité cette oppression lente qui met plus de temps à détruire, mais aussi qui détruit plus sûrement et sans bruit.

« Mais la guerre n'existait pas avant l'ar-
» rivée de Napoléon en France, et elle va
» éclater de toutes parts ».

Et quand cela serait ! Ceux-là seuls qui appellent les ennemis sur notre sol doivent être comptables des maux que la guerre entraînerait après elle.

L'Empereur veut la guerre, dit-on, cependant il propose la paix ; si c'était à des conditions avantageuses à lui seul, notre cœur, à bon droit, se détournerait de lui ; mais tout le monde les connaît ses propositions de paix ; elles ont pour base la justice, et pour but notre bonheur.

« La sécurité, ajoute-t-on, a fait place à » la terreur » Cela peut être vrai pour une faible partie de la France, où quelques factieux, après avoir tenté tous les moyens d'allumer la guerre civile, n'ont pas cru pouvoir avilir davantage le parti qui s'opposait froidement à leurs vues, qu'en lui donnant le nom de factieux qu'eux-mêmes avaient mérité.

« Le commerce est sans activité ».

Il se relevera bientôt, et il serait déjà parvenu dans ce pays à son plus haut point de prospérité, si des insinuations perfides n'eussent aveuglé la partie la plus laborieuse et la plus saine du peuple sur ses propres intérêts, en identifiant certains noms avec le bonheur, et en lui faisant prendre le change sur les moyens d'être heureux.

Mères qui avez pleuré au départ de vos enfans, ne vous affligez point, si comme il est permis de ne pas le croire, la guerre s'allume, elle ne saurait être longue, et vos fils occupés encore, loin du champ de bataille, à des exercices militaires, n'éprouveront pour tout malheur que le regret de n'avoir pas contribué à la victoire.

On fait valoir la légitimité des droits des Bourbons au trône de France ; droits confirmés, dit-on, par une suite de Souverains non interrompue depuis plusieurs siècles.

Les droits des successeurs de Charlemagne étaient-ils moins légitimes ? Eh bien ! c'est sur la violation de ces droits que la race des Capets fonde les siens. Tout le monde sait, et tous les historiens sont d'accord sur ce point, que Charles I.er, duc de la Basse-Lorraine, fils de Louis d'Outremer, et qui avait seul, par sa naissance, droit à la couronne de France, en fut privé par Hugues Capet qui le fit enfermer pour avoir voulu défendre ses droits, et qui s'empara du trône. Ne parlons plus de droits légitimes en fait de souveraineté ; taisons-nous sur ce point, la vérité ne serait que trop souvent une injure. Au surplus, ou Pie VII est indigne du titre de chef de l'Église, ou celui qu'il a sacré et oint Empereur des Français est le seul Monarque légitime, lorsque surtout cette cérémonie a reçu la sanction du peuple en qui seul réside le droit de se choisir ses Souverains (1).

_____

(1) Je ne me permets qu'un mot sur ce point de droit public, et c'est pour demander à ceux qui regardent en

« Mais, dira-t-on encore, la France,
» sous ses Rois, s'était élevée à un degré de
» prospérité toujours croissant jusqu'au
» moment où l'on a renversé son ancienne
» constitution. »

On serait tenté de croire que la constitution de France n'a jamais éprouvé de changement. L'histoire dément une pareille assertion. Il fut un temps où les Rois de ce pays n'étaient que de simples Généraux. Ils augmentèrent leur pouvoir en se joignant, tantôt au peuple pour soumettre les Seigneurs, tantôt à ceux-ci pour asservir le peuple. S'il existe une antique constitution, qu'on la montre, et qu'on nous prouve ainsi qu'elle n'a jamais éprouvé de changement. La France, comme tous les autres

---

pitié une pareille assertion, s'ils connaissent un droit plus juste, moins sujet à inconvénient que celui-là. Est-ce celui de la force ? Est-ce la loi de la prescription qui n'est pas un droit ? Est-ce celui de succession qui n'est que de convention ? Les droits du peuple, comme ceux des pupilles ne prescrivent jamais, et la Souveraineté ne fait pas plus partie de l'héritage des Rois, que les biens d'un propriétaire ne font partie de l'héritage de ceux à qui il en a confié la gestion.

pays, a subi des variations dans son aggrandissement, dans sa fortune (1). Sa prospérité n'a donc pas toujours été en croissant. Les Monarques qui la gouvernaient, le siècle dernier, avaient contribué à son avilissement, en laissant vendre par leurs maîtresses nos navires à nos ennemis, et en ne s'opposant point au partage de la Pologne.

L'année dernière la France avait été renfermée dans ses anciennes limites, tandis que les autres Royaumes avaient étendu les leurs de manière à jeter l'alarme parmi les Nations qui n'avaient pas été appelées à partager les dépouilles ; et elle devenait ainsi, par comparaison, plus faible qu'elle n'avait jamais été, et presque nulle dans la balance politique de l'Europe.

« La prospérité de la France, ose-t-on
» dire, a toujours, sous ses Rois, été en
» croissant. »

Cependant nos manufactures, sous Napoléon, étaient parvenues à un point de perfection tel qu'aucune fabrique étrangère ne pouvait soutenir la concurrence, et que

---

(1) La France était réduite presque à rien sous Charles VI.

les Rois ses prédécesseurs n'avaient pas même essayé de leur donner. Il ne se vendait en 1813, dans presque toute l'Europe, guère que des marchandises françaises, tandis que l'année suivante, sous Louis XVIII, les marchandises anglaises avaient pris partout la place des nôtres.

On n'a pas manqué de dire « que les Na- » tions étrangères ne voulaient pas faire la » guerre à la France, mais à Napoléon. »

Et d'abord, si l'Empereur a pour lui les vœux de la majorité des Français, il est évident que faire la guerre à Napoléon, c'est la faire à cette majorité. On objectera que ce Prince n'a pas eu la majorité ; mais dans ce cas, quelle opinion doit-on se former du courage ou de l'art de gouverner des Bourbons, puisqu'ils ont cédé à la minorité, sans opposer la moindre résistance.

« Ils avaient les troupes contre eux. »

Soit ; mais les troupes ne sont-elles pas composées de Français ? Ce qu'il y a de sûr c'est que la population entière de la France, un petit nombre de départemens exceptés, était dévouée à l'Empereur, et l'a reçu comme un libérateur (1).

---

(1) Dans des temps éloignés où les peuples voyaient

Quelques personnes nous menacent à chaque instant de l'invasion des ennemis; elles les appellent à grand cris, et les désirent comme un bienfait. Quel bienfait, grand Dieu! et dans quel dessein encore : celui de vivre dans l'esclavage et de s'en faire honneur. Il y a donc des gens qui se font un mérite de leur ignominie.

« Mais ces ennemis sont nos amis : ils
» veulent nous délivrer de l'état d'oppression
» où nous vivons : leur désir est de nous
» rendre heureux (1).

---

dans un grand homme plus qu'un homme, ils auraient fait un Dieu de celui qui rend à la France le rang qu'elle doit tenir parmi les Nations, et auraient compté ses victoires et son retour au nombre des miracles.

(1) Plusieurs personnes ne se sont pas fait scrupule de manifester les expressions de la joie la plus vive à la nouvelle qu'on affectait de répandre de l'arrivée prompte des Espagnols en France. Voici un trait entre mille qui peut donner une idée de l'humanité de ces gens si désirés. M. G..... habitant une campagne aux Pyrénées-Orientales vit arriver, au commencement de la révolution, une troupe d'Espagnols armés, il les reçut avec effusion de cœur. Ceux-ci en reconnaissance l'étendirent mort d'un coup de fusil et de baïonnette, et se préparaient à pousser plus loin leur cruauté, lorsqu'un sergent Français qui était près de là avec un

Habitans des départemens de l'est et de tous les lieux où sont passés ces gens de guerre si bien intentionnés, répondez : ces libérateurs comme on les appelle, vous ont-ils traités en amis ? Vos larmes, votre indignation, votre cri unanime : *courons aux armes, s'ils osent revenir*, sont une réponse assez claire, assez énergique ; elle suffit.

« Mais à Bordeaux les habitans ont-ils eu
» à se plaindre de l'invasion étrangère ?

Moins qu'ailleurs sans doute ; c'est qu'on avait à faire à une Nation qui calcule, et met assez de politique dans sa manière d'agir pour se dispenser du mal quand il ne lui en revient aucun avantage. On avait d'ailleurs besoin de ménager le peuple souvent à craindre dans une grande ville. On n'eût cependant pas les mêmes égards pour Toulouse qui fut attaquée et dont un des faubourgs fut très-maltraité, quoique le chef ennemi, instruit de ce qui se passait auprès de l'Empereur, eût pu, en retar-

---

détachement, arriva assez à temps pour sauver la maison du pillage, et les filles du malheureux M. G.... des outrages et de la mort. Une d'elles, par reconnaissance, épousa ce brave militaire.

dant l'attaque de quelques jours, épargner le sang.

Les puissances ne s'arment, dit-on, que pour rendre aux Bourbons leur trône héréditaire. Pourquoi donc firent-elles la paix de Tilsit par laquelle Napoléon fut reconnu Empereur des Français, et la déchéance des Bourbons conséquemment prononcée ? A présent que la France reprend l'attitude imposante qu'elle venait de perdre sous eux, on verra diminuer chez l'étranger ce grand intérêt pour les successeurs de Charles-Martel, et renaître ces alliances, ces traités de commerce signés *Napoléon*. Les Souverains de l'Europe vont s'unir étroitement avec un héros qu'elles n'ont pas cessé d'estimer, à présent surtout qu'ils n'ont plus à craindre ces projets de conquête auxquels ce Prince a authentiquement renoncé.

O vous! qui préférez au bonheur de votre pays, de vos parens, de vos amis, de vos concitoyens, les jouissances de la vengeance, craignez du moins pour vous-mêmes les suites funestes de l'accomplissement de votre désir. L'ennemi, sans acception de personne, frappe sur ceux qui se disent ses amis, et, s'ils sont riches, ils les dépouillent avec plus d'avidité que les autres.

Plusieurs personnes de bonne foi manifestent quelques craintes sur le retour de ces temps orageux........ Qu'elles n'en disent pas davantage, je les entends. Non, ces temps ne reviendront plus ; et d'abord Napoléon est là avec la partie saine de la Nation : d'ailleurs ceux-mêmes qui ont montré le plus d'exagération dans leurs idées, sont aujourd'hui les premiers à y renoncer. Une expérience longue et terrible les a convaincus que tout excès est un mal, et que la vertu elle même a ses limites au delà desquelles on ne fait que s'approcher du vice. Ils se méfient à présent de certains cris séditieux que quelques mal intentionnés affectent de joindre à celui de *vive l'Empereur*, répété avec enthousiasme par tout bon Français, fâché pourtant de le voir uni à d'autres cris qui annoncent une exagération dont il faut se méfier, car l'expérience nous a appris que le meilleur moyen de ne rien avoir, c'est de tout exiger.

Je ne finirais point, si je voulais épuiser un pareil sujet. Je n'ajoute qu'un mot : Choisissez entre Louis et Napoléon. Le premier amène à sa suite le rétablissement de l'ancienne noblesse avec ses prérogatives, ses droits féodaux, son admission exclusive à toutes les places supérieures, à tous les principaux grades militaires ; la nullité de la vente des biens nationaux ; l'établissement arbitraire des impôts ; l'avilissement de la France ; la dissolution des armées ; la rétrogradation de l'esprit humain vers les siècles d'ignorance, et par suite l'inquisition, les moines, les dîmes, la superstition ; il exige une soumission aveugle à ses volontés, et vous prive du droit d'exprimer vos pensées.

Napoléon vous offre au contraire la destruction des droits féodaux, l'extinction de la noblesse qui les exigeait, le droit laissé au mérite d'aspirer à toutes les places, à tous les grades militaires, à tous les honneurs ; en un mot, la possibilité de parvenir à toutes les dignités civiles et militaires ; la validité de l'achat des biens nationaux, la réhabilitation de la France au rang qu'elle doit occuper, la réorganisation des armées, un nouveau champ ouvert à l'esprit humain et à l'industrie ; il repousse l'inquisition avec horreur, les moines avec mépris, il met la religion à la place de la superstition, et rejette les dîmes ; il substitue la soumission aux lois, le respect et l'amour pour le Souverain, à cette soumission aveugle qui n'était réservée qu'à un seul, et laisse dans son intégrité la liberté d'exprimer ses pensées, avec le recours aux voies judiciaires contre les calomnies et les aggressions injustes ; le droit d'être jugé par ses pairs dans les accusations criminelles ; le droit de voter soi-même ses impôts par l'organe de ses représentans ; le droit d'exercer en liberté son industrie, lorsqu'il ne porte aucune atteinte aux droits des autres citoyens, etc., etc., etc.

Votre choix ne saurait être douteux, mes chers Compatriotes, c'est celui de tout citoyen qui connaît ses droits et qui veut son bonheur.

Et vous, Dieu des armées, mais aussi Dieu de bonté, veillez sur les jours précieux de ce Monarque si nécessaire à la France ; de cet homme extraordinaire que vous avez daigné conduire, comme par la main, du fond de sa retraite, jusque sur le trône que vous lui aviez destiné, et sans qu'il en coûtât la vie à personne. Vous avez voulu, par cette espèce de prodige, montrer aux Nations quel était celui que vous aviez jugé le plus digne de soutenir le poids de la couronne.

Ah ! la joie du peuple français serait à son comble, si vous daigniez, grand Dieu !

rendre à ses vœux l'auguste Impératrice et ce rejeton précieux l'espérance de la Nation, et chez qui, à travers les grâces de l'enfance, on aperçoit les premices des qualités qu'on désire dans un Prince qu'attendent les plus hautes destinées. Tel que ces fleurs qui se font admirer d'avance, quoique cachées encore sous le bouton. Puisse Napoléon I.er jouir bientôt de leurs embrassemens ; mais puisse-t-il aussi, au milieu de son bonheur, porter de temps en temps ses regards vers cette île devenue si célèbre à cause de lui, et se rappeler pourquoi il y fut, et pourquoi il en est revenu !

―――――

Au moment où cet écrit est achevé d'imprimer, les cris redoublent ici contre les mesures militaires que le Gouvernement est forcé de prendre dans les circonstances actuelles, et particulièrement contre la formation de la Garde nationale active. Eh bien ! que ceux qui se plaignent ne reprochent qu'à eux seuls ces mesures qu'ils ont rendues indispensables, et auxquelles sans doute on n'aurait pas songé, si personne n'eût provoqué l'entrée des ennemis en France.

―――――

MONTPELLIER

De l'Imprimerie de Félix AVIGNON, rue de l'Arc-d'Arènes, n.o 56.

―――――

Mai 1815.

BIBLIOTHEQUE NATIONALE DE FRANCE
3 7531 02970364 3

www.ingramcontent.com/pod-product-compliance
Lightning Source LLC
Chambersburg PA
CBHW070529050426
42451CB00013B/2928